Julie Chauvet

Drapeau rouge

Ernst Klett Sprachen
Stuttgart

Bildquellenverzeichnis
36.1 MOIRENC Camille / hemis.fr; **36.2** Anger O.; **39** Shutterstock (Valery Rokhin), New York;
46 iStockphoto (MarkGillow), Calgary, Alberta

1. Auflage   8 | 2025

Alle Drucke dieser Auflage sind unverändert und können im Unterricht
nebeneinander verwendet werden.
Die letzte Zahl bezeichnet das Jahr des Druckes. Das Werk und seine Teile sind
urheberrechtlich geschützt. Jede Nutzung in anderen als den gesetzlich zugelassenen
Fällen bedarf der vorherigen schriftlichen Einwilligung des Verlags.

Zeichnungen: Matthias Pflügner, Berlin

Redaktion: Edith Michaelsen
Layoutkonzeption: Andreas Drabarek
Gestaltung und Satz: Satzkasten, Stuttgart
Umschlaggestaltung: Andreas Drabarek
Titelbild und Illustrationen: Matthias Pflügner, Berlin
Tonregie und Schnitt: Workshop Medien-Service GmbH, Stuttgart.
Sprecher: Frédéric Auvrai, Clémentine Bied-Charreton, Julie Chauvet, Margaux
Chauvet, Thibault Chauvet, Gilles Floret, Léo Guillier, Anne-Sophie Guirlet-Klotz,
Edith Michaelsen, Régis Titeca
Druck und Bindung: Plump Druck & Medien GmbH, Rheinbreitbach

Printed in Germany
ISBN 978-3-12-591002-7

Förderung
nachhaltiger
Waldbewirtschaftung

PEFC

PEFC/04-31-3752   www.pefc.de

Drapeau rouge

Drapeau rouge

Alles Digitale zu diesem Buch kann auf der Lernplattform
allango von Ernst Klett Sprachen abgerufen werden. So geht's:

QR-Code scannen oder **www.allango.net** aufrufen	Buchtitel oder ISBN in der Suche eingeben und auf das Buchcover klicken	Zum Inhalt navigieren, direkt abrufen oder speichern

Dieses Symbol bedeutet, dass zu einem Buch-Abschnitt
ein digitaler Inhalt verfügbar ist.

Table des matières

Das Hörspiel der Geschichte ist online verfügbar: Zugangshinweise findet ihr auf Seite 1 unten.

Vorwort

Liebe Schülerinnen und Schüler,

Lesen sollte zuallererst Spaß machen. Eine spannende Geschichte kommt aber nicht ohne einige Vokabeln aus, die ihr nach zwei Jahren Französisch noch nicht kennt. Diese werden jeweils am Seitenende erläutert.

Wenn sich Jugendliche (aber auch Erwachsene) im Alltag unterhalten, wie hier z.B. Margaux und ihre Freunde benutzen sie vorzugsweise das „français familier", das umgangssprachliche Französisch. Das hat z.B. folgende Merkmale:
* Bei Verneinungen fällt manchmal das ne weg:
  j'ai pas eu statt je n'ai pas eu
* Bei Fragen wird die Intonationsfrage bevorzugt, in welcher die Reihenfolge der Wörter die gleiche bleibt, wie bei einem Aussagesatz:
  Tu vas bien ? statt Est-ce que tu vas bien ?

Damit ihr euch Aktiv mit dem Inhalt der Lektüre auseinandersetzen könnt, werden euch Aktivitäten zu jedem Kapitel der Lektüre ab S. 33 angeboten. Diese prüfen sowohl die Kompetenzen des Lese- als auch des Hörverstehens.

 Das Hörspiel zur Lektüre steht euch zum Herunterladen online zur Verfügung: Zugangshinweise findet ihr auf Seite 1 unten.

Und nun viel Spaß beim Lesen und Zuhören!

Chapitre 1

Dimanche 3 juillet, plage de Grand-Village, île d'Oléron.

Aujourd'hui, comme tous les jours, grand-père Alphonse et son chien Surfy marchent sur la plage. Le temps est magnifique. Au loin, on voit une vieille épave de bateau. Sur la dune, il y a une école de surf. Margaux, la petite-fille d'Alphonse, surfe avec élégance sur les vagues de l'Atlantique.

ALPHONSE : Ah ! C'est magnifique ici… On a de la chance d'habiter au bord de la mer. Pas vrai Surfy ?

SURFY : Ouaf ! Ouaf !

ALPHONSE : Voilà Margaux qui sort de l'eau avec sa nouvelle planche de surf. Viens Surfy, on va la voir.

ALPHONSE : Bonjour ma chérie. Tu vas bien ? Comment sont les vagues aujourd'hui ?

---

5 une épave Schiffswrack | 7 une vague Welle | 11 une planche de surf Surfbrett

MARGAUX : Trop bonnes ! Et ma nouvelle planche glisse trop bien !
ALPHONSE : Oui, j'ai vu ! En plus, c'est bientôt les grandes vacances !
Tu vas faire du surf tous les jours.
MARGAUX : Oui c'est cool ! Tu sais papi, cette année à l'école, je n'ai
5 pas eu de super notes…
ALPHONSE : Oui, je sais. Surtout en allemand, je crois….

Grand-père Alphonse rigole.

MARGAUX : Oui, l'allemand, quelle galère. Mais bon, plus tard, je
veux être prof de surf, pas prof d'allemand !

10 **Dimanche 3 juillet, Paris.**

Les grandes vacances commencent dans deux jours mais Maxime
est déprimé. Il s'est cassé le bras cet après-midi au championnat de
skate junior de Paris. Maintenant, avec son bras dans le plâtre, il
attend son père devant l'hôpital.

15 Le voilà qui arrive dans son camion-snack. Qu'est-ce qu'il va lui
dire ? Maxime a peur.

PIERRE : Maxime, je t'ai interdit de participer à ce championnat !
MAXIME : Mais papa ! Le skate, c'est ma vie, c'est ma passion !
PIERRE : Maxime, on part dans deux jours pour l'île d'Oléron.
20 J'ai acheté ce camion-snack pour gagner de l'argent. Comment
est-ce que tu vas m'aider avec un bras cassé ?
MAXIME : Mais papa…
PIERRE : Je suis très en colère, Maxime !

---

12 se casser qc sich etw brechen | 12 un bras Arm | 13 dans le plâtre in Gibs | 15 un
camion-snack Schnellimbiss-Wagen | 17 interdire à qn de faire qc jdm verbieten, etw zu
tun | 23 être en colère f wütend sein

MAXIME : Excuse-moi, papa… Si tu veux, je peux rester avec
maman ?

PIERRE : Non, elle part en voyage humanitaire avec son équipe.
Allez, monte !

Maxime monte dans le camion et met son casque sur ses
oreilles. Black M chante « Je suis chez moi ». Heureusement qu'il
y a Black M !

Chapitre 2

Mercredi 6 juillet, plage de Grand-Village.

Sur la dune, à côté de l'école de surf, le camion-snack de Pierre et Maxime arrive. Pierre installe les tables et les chaises devant le camion. Maxime range les courses dans les placards. Mais c'est difficile, avec un seul bras. Il a son casque sur les oreilles. Pierre le regarde, un peu énervé.

PIERRE : Plus vite, Max s'il te plaît ! Les premiers clients vont arriver !

MAXIME : Quoi ?

PIERRE : Arrête ta musique quand je te parle !

Deux personnes arrivent.

PIERRE : Des clients, Max !

VIRGINIE : Pas de panique, bonjour ! Nous sommes les directeurs de « Passion Surf », l'école de surf, à côté. Moi, c'est Virginie.

MATHIEU : Et moi, c'est Mathieu. Bienvenue à Grand-Village. C'est génial, un snack bio à côté de l'école de surf ! Vous allez avoir du succès !

PIERRE : C'est notre premier été ici. Je m'appelle Pierre et voilà mon fils Maxime.

MAXIME : Salut !

VIRGINIE : Oh, tu as le bras cassé. C'est dommage pour le surf.

PIERRE : C'est surtout dommage car il ne peut pas aider son père !

VIRGINIE : Tu as quel âge Maxime ?

MAXIME : Treize ans et demi.

MATHIEU : Ah, comme Margaux ! C'est notre fille. Bon, on vous laisse, nos cours de surf vont commencer. À plus et bonne journée !

Maxime s'installe maintenant derrière la caisse. Il peut prendre les commandes des clients. C'est déjà ça ! Si son père l'énerve encore, il rentre à Paris !

Maxime regarde la plage. Au loin, dans l'eau, les surfeurs prennent de belles vagues. Les cours de l'école de surf ont commencé. Sur la droite, il y a une fille qui surfe toute seule. Elle est très douée. Ensuite, elle sort de l'eau et parle à Virginie. C'est peut-être la fille des profs de surf ?

---

4 prendre une commande eine Bestellung aufnehmen | 9 doué(e) begabt

Chapitre 3

Jeudi 7 juillet, 10 heures, plage de Grand-Village.

Alphonse et Surfy arrivent à l'école de surf. Il y a beaucoup de monde ce matin. Tous les surfeurs se préparent. Ils mettent leur
5 combinaison.

ALPHONSE : Salut les dauphins !
UNE SURFEUSE : Bonjour Monsieur Alphonse. Alors quelle est la météo aujourd'hui ?
ALPHONSE : Magnifique ! Soleil, ciel bleu, belles vagues pour le surf,
10 drapeau vert ! Amusez-vous bien ! Vous avez vu Margaux ?
UNE SURFEUSE : Elle est avec sa mère dans le bureau.

Alphonse arrive près du bureau. La porte est ouverte. Il écoute mais ne se montre pas.

VIRGINIE : Je ne te demande pas grand-chose ! Quarante-cinq
15 minutes d'allemand chaque matin, après, tu peux aller surfer.
MARGAUX : Mais maman, c'est les vacances !
VIRGINIE : Ne discute pas Margaux ! Tiens, voilà un cahier de vacances.
MARGAUX : Pfff… Pourquoi on appelle ça un « cahier de vacances » ?…

20 Alphonse préfère partir car il ne veut pas rencontrer une Margaux de mauvaise humeur. Margaux s'installe à une table, sous un parasol, devant le snack. Maxime attend un peu puis décide de lui parler.

---

5 une combinaison *ici :* Surfanzug | 21 être de bonne/mauvaise humeur *f* gut/schlecht gelaunt sein | 22 un parasol Sonnenschirm

MAXIME : Salut, qu'est-ce que c'est ? Un cahier d'exercices ?

MARGAUX : Je dois travailler mon allemand pendant les vacances. Ça m'énerve !

MAXIME : Bienvenue au club !

MARGAUX : Toi aussi, tu dois faire des exercices pour l'école ?

MAXIME : Non, moi je dois aider mon père au snack.

MARGAUX : Tu t'appelles comment ?

MAXIME : Maxime, mais tout le monde m'appelle Max. Toi, c'est Margaux, c'est ça ?

MARGAUX : Oui. Comment tu t'es cassé le bras ?

MAXIME : À un championnat de skate à Paris, deux jours avant de partir. J'ai raté mon flip et je suis mal tombé. Et voilà le résultat. Mon père est super en colère.

MARGAUX : Pas de chance ! Mais c'est drôle, on dit aussi « flip » en surf ! Tu fais du surf ?

MAXIME : Non, mais le 23 juillet, adieu mon plâtre ! Alors je vais essayer de surfer… Pour l'instant, j'aide mon père et j'écoute Black M. Tu aimes sa musique ?

MARGAUX : Hmm… moi j'aime bien Fréro Delavega et Louane.

MAXIME : Ah, c'est clair, c'est pas le même style !

Maxime rigole mais pas Margaux, alors Maxime se sent un peu bête. Margaux est peut-être vexée ? Il essaye autre chose.

MAXIME : Euh… Sinon, tu aimes la glace bio à la vanille ?

MARGAUX : *(elle rigole)* Si elle est bio, alors oui !

MAXIME : Euh désolé ! Le bio, c'est important pour mon père, mais moi, ça m'est égal !

---

12 rater qc etw nicht richtig machen | 17 pour l'instant momentan | 21 se sentir sich fühlen | 22 vexé(e) verletzt (gekränkt) | 23 sinon sonst

Chapitre 4

Samedi 9 juillet, près de l'île d'Oléron.

Une belle voiture blanche roule sur un pont très long. Sous ce pont, il y a la mer et des petits bateaux de toutes les couleurs. Dans
5　la voiture, Léon, treize ans, et ses parents, Isabelle et Ralf, admirent le paysage. Sur la droite, ils voient un fort et, autour, des parcs à huîtres. Au bout du pont, l'île d'Oléron, l'endroit où Léon et ses parents vont passer leurs vacances.

Léon : C'est quoi ce truc dans l'eau ?
10　Ralf : Léon, ce n'est pas un truc !
Isabelle : C'est le Fort Louvois, qui date du XVIIᵉ siècle. C'est le « cousin » de l'autre fort que tu vois, là-bas, le Fort Boyard.
Léon : Ah oui, il y a une émission de télé qui se passe là-bas, non ?
Isabelle : Oui, c'est ça !

---

3 un pont Brücke | 5 admirer qc etw bewundern | 6 un paysage [peizaʒ] Landschaft | 6 un parc à huîtres [ɥitʀ] *fpl* Austernbank | 7 au bout de qc am (anderen) Ende von etw

Léon : Ah ouais, c'est cool mais… la mer est plutôt calme ici. Je veux apprendre le surf, pas bronzer sur la plage toute la journée !

Ralf : Ah ça, on le sait. Tu parles du surf depuis des mois !

Léon : Et elles sont où les vagues ?

Isabelle : Chill mal Léon, du wirst sie bald sehen, die Wellen!

Léon : Incroyable, tu as entendu papa ? Maman parle allemand comme les jeunes maintenant !

Isabelle : Mais j'ai un super professeur à la maison !

Chapitre 5

Lundi 11 juillet, plage de Grand-Village.

Une nouvelle semaine commence à l'école de surf. Les débutants reviennent de leur premier cours. Margaux n'est pas encore dans l'eau. Elle fait ses exercices d'allemand, installée à une table du snack. Maxime est dans le camion, derrière la caisse. Le père de Léon est là, lui aussi, installé à une table du snack. Léon arrive.

RALF : Und wie war's?

LÉON : Genial! Ich kaufe mir noch schnell was zum Trinken und
dann komme ich zu dir.

MARGAUX : Hallo, bist du „Deutsch"?

LÉON : Franco-allemand.

MARGAUX : Oh, cool ! Tu peux m'aider ? Je ne comprends rien !

LÉON : Oh ma pauvre, tu fais des exercices pendant les vacances !

MARGAUX : Ouais, sinon je n'ai pas le droit de surfer !

Léon aide Margaux.

LÉON : Voilà, on a fini ! Tu as libre.

MARGAUX : Tu veux dire, tu « es » libre.

LÉON : Euh, oui. Merci. Tu prends des cours à « Passion surf » ?

MARGAUX : Ah non, je sais déjà surfer ! Mais je connais bien les
profs de surf.

LÉON : Virginie, ma prof, est super sympa.

MARGAUX : Sympa ? Bof, peut-être avec ses élèves mais pas avec
sa fille !

---

14 mon/ma pauvre *expr* du Arme(r) | 15 avoir le droit de faire qc etw machen dürfen

Léon : Oh, c'est ta mère ? Elle te donne des devoirs pendant les
vacances ?

Margaux : Ouais, c'est ça !

Léon : J'ai une idée ! Viens, on va voir ta mère.

Margaux ne comprend pas pourquoi Léon veut parler à Virginie.

Léon : Virginie, merci pour le cours ce matin. J'ai adoré ! Tu es une
prof géniale.

Virginie : Merci Léon. Ah, tu as rencontré Margaux ?

Margaux ne dit rien.

Léon : Tu sais Virginie, je peux aider Margaux et parler allemand
avec elle tous les jours pendant les vacances. C'est mieux que des
exercices dans un cahier, non ?

Virginie : Euh… c'est une bonne idée. Tu es d'accord Margaux ?

Margaux : Oui, bien sûr !

Virginie : Allez, c'est bon. Moi aussi, je suis d'accord. Alors vous
commencez quand ?

Léon : Sofort! Nicht wahr Margaux?

Margaux : Ja, sofort! Danke schön Léon!

Margaux fait une bise à Léon qui devient tout rouge. Maxime,
derrière sa caisse, regarde la scène et se demande qui est ce garçon
qui parle avec la jolie Margaux. Il est un peu jaloux… Margaux et
Léon viennent vers lui.

---

12 C'est mieux que Es ist besser als | 22 jaloux, jalouse eifersüchtig

MARGAUX : Max, c'est génial ! Tu sais quoi ? Je ne dois plus faire les exos d'allemand ! Je te présente Léon, sa mère est française et son père est allemand ! Léon va parler allemand avec moi.

LÉON : Salut ! Tu habites aussi au camping du village ?

⁵ MAXIME : Ouais, c'est ça.

Maxime ne dit plus rien et range des verres dans un placard.

MARGAUX : Max, tu viens avec nous, là-bas, sur la dune ? On va écouter de la musique. Léon a une enceinte Bluetooth.

LÉON : Margaux veut écouter Louane ! Moi, franchement, je préfère

¹⁰ Black M ou Cro !

Maxime regarde Léon d'un air intéressé.

MAXIME : C'est qui Cro ?

---

1 un exo *fam* un exercice | 8 une enceinte [ãsɛ̃t] Lautsprecher | 9 franchement ehrlich gesagt

Chapitre 6

Depuis leur rencontre, Margaux, Maxime et Léon passent beaucoup de temps ensemble. Margaux surfe plusieurs fois par jour, quelquefois avec Léon, qui apprend vite. Maxime, lui, aide son père au snack. Il aimerait bien surfer, lui aussi, et attend avec impatience le 23 juillet.

Pendant ses pauses, Maxime retrouve ses copains. Ensemble, ils adorent écouter de la musique, marcher sur la plage jusqu'à la vieille épave, manger des glaces au snack ou construire leur cabane dans les dunes. Leur messagerie de portable est pleine de rendez-vous !

Mardi 12 juillet

---

9 une cabane **Hütte**

Mercredi 13 juillet

Jeudi 14 juillet

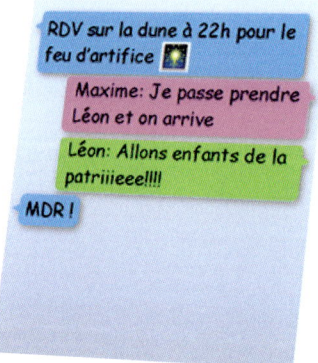

Les jours passent et les trois amis sont de plus en plus heureux ensemble. Un seul problème : le plâtre de Maxime. Mais c'est bientôt le 23 juillet, Maxime va enfin faire du surf !

---

3 de plus en plus heureux, heureuse immer glücklicher

Chapitre 7

Samedi 23 juillet, 10 heures, plage de Grand-Village.

Comme tous les jours, grand-père Alphonse va à l'école de surf pour saluer les élèves et sa famille.

ALPHONSE : Bonjour les dauphins !

LÉON : Bonjour Monsieur Alphonse ! Alors, aujourd'hui beau temps sur Oléron, belles vagues, drapeau vert ?

ALPHONSE : Hélas pas aujourd'hui ! C'est la grande marée, le ciel est bleu mais les courants vont être très forts vers midi. Drapeau rouge cet après-midi ! Et ce soir, orage au programme !

De l'orage, il y en a déjà… dans les familles !

Margaux et Virginie, école de surf, 10 h.

VIRGINIE : Margaux, tu ne parles jamais allemand avec Léon. Votre idée ne fonctionne pas !

MARGAUX : Ce n'est pas vrai, maman, je parle allemand avec lui, parfois… Mais on est en France, c'est les vacances et Max ne comprend pas l'allemand.

VIRGINIE : Peut-être, mais il faut trouver une solution. Le cahier de vacances ?

MARGAUX : Mais maman, j'en ai marre, ma passion, c'est le surf, pas l'allemand !

En colère, Margaux sort du bureau et court très loin sur la dune.

---

8 hélas *expr* leider | 9 un courant Strömung | 10 un orage Gewitter | 11 Il y a de l'orage *ici :* Es gibt etwas Spannung | 20 J'en ai marre *fam* Mir reicht's | 22 courir rennen

Maxime et Pierre, camion-snack, 10 h 15.

PIERRE : Max, il n'est pas question que tu commences le surf aujourd'hui ! Le docteur dit qu'il faut attendre encore une semaine.

MAXIME : Mais papa, je suis en forme ! Regarde !

PIERRE : Non, ton bras est encore trop faible.

Énervé, Maxime sort du camion et réfléchit. Il veut parler à Margaux, mais où est-elle ? Elle a oublié leur rendez-vous ou quoi ? Il se sent vraiment seul. Un peu plus loin, il y a Virginie, Léon et Isabelle, la mère de Léon. Maxime les écoute.

ISABELLE : Pas de problème, je vais téléphoner à la mère de Nina. C'est une idée géniale !

LÉON : Nina est une fille super sympa.

VIRGINIE : C'est vraiment gentil à vous. Je suis sûre que Margaux va faire des progrès en allemand !

Léon met sa combinaison de surf, Isabelle va se baigner et Virginie retourne dans son bureau.

« De quoi parlent-ils ? » se demande Maxime. Mais, en fait, ça lui est égal. Il est en colère contre son père et le docteur. Il attend Margaux, mais après dix minutes, il pense : « Margaux m'a oublié. Tant pis pour elle. » Et il s'en va.

---

6 faible schwach | 7 réfléchir überlegen | 9 seul(e) allein | 16 se baigner baden | 21 (être) tant pis pour qn *fam* Pech für jdn (sein) | 21 s'en aller weggehen

Léon et Isabelle, sur la plage, 10 h 30.

LÉON : Maman, on a volé ma planche !

ISABELLE : Comment ça ?

LÉON : Je l'ai posée contre le mur, comme toujours. Mais elle n'est plus là.

ISABELLE : Léon, tu ne fais jamais attention à tes affaires. C'est énervant !

LÉON : Maman, je ne comprends pas…

ISABELLE : Léon, cherche ta planche, il n'y a pas de voleur ici !

LÉON : Mais maman…

---

2 **voler qc** etw stehlen | 4 **un mur** Mauer | 6 **faire attention à qc** auf etw aufpassen | 9 **un voleur, une voleuse** Dieb(in)

Chapitre 8

Samedi 23 juillet, de 11 heures à 14 heures.

À 11 heures, Virginie se demande où est Margaux. Pierre se demande où est Maxime. Tous les deux pensent que Margaux et
5   Maxime sont allés faire un tour ensemble.

À 13 heures, les courants sont de plus en plus forts. Virginie et Mathieu arrêtent les cours de surf. Les surveillants de plage installent le drapeau rouge.

À 14 heures, Pierre va voir Virginie à l'école de surf.
10 Isabelle arrive peu après.

ISABELLE : Vous avez vu Léon ? Il a retrouvé sa planche de surf ?
VIRGINIE : Léon ? Il n'est pas venu au cours de surf aujourd'hui.
ISABELLE : Ah bon ? Mais où est-il alors ?
PIERRE : Moi, je n'ai pas vu Max depuis ce matin. Je suis inquiet.

VIRGINIE : C'est bizarre, Margaux n'est pas non plus rentrée pour le déjeuner. J'espère qu'ils ne sont pas dans l'eau, les courants sont très forts aujourd'hui.

MATHIEU : Ils sont peut-être avec Alphonse ?

VIRGINIE : Peut-être ? Il n'est pas rentré non plus. Et Margaux n'a pas pris son portable.

PIERRE : Maxime non plus. Et Léon ?

ISABELLE : Je l'ai appelé, mais il ne répond pas.

MATHIEU : Avec le mauvais temps qui arrive, il faut les trouver au plus vite.

---

1 n'est pas non plus ist auch nicht

Chapitre 9

Samedi 23 juillet, 14 h 30, près de la cabane.

Le vent souffle. Les touristes quittent la plage. Quand le drapeau est rouge, il est interdit de se baigner.

Mais très loin de là, à côté de l'épave du bateau, une personne surfe sur les vagues qui sont de plus en plus grosses, d'abord allongée, puis debout sur sa planche. Soudain, une vague plus forte arrive et emporte la planche en direction de la plage. Sans planche, impossible de nager vers la plage. Les vagues sont trop hautes et les courants forts.

Pendant ce temps, Pierre, Virginie et Isabelle arrivent près de la cabane des enfants, sur la dune.

PIERRE : Vous entendez ? Il y a de la musique.
VIRGINIE : Ouf, les enfants sont là ! … Margaux ?
PIERRE : Maxime ?

Dans la cabane, l'enceinte Bluetooth diffuse de la musique très fort. Devant la cabane, il y a une BD ouverte à côté d'un paquet de gâteaux. Mais les enfants ne sont pas là.

---

7 allongé(e) liegend | 7 debout stehend | 8 emporter *ici :* wegnehmen | 8 sans ohne | 9 haut(e) hoch | 16 diffuser qc etw übertragen

Chapitre 10

Samedi 23 juillet, sur la plage, près de l'épave.

Après une longue promenade, Margaux, Alphonse et Surfy arrivent près de l'épave.

MARGAUX : Papi, heureusement que tu es là. Avec toi, je peux parler de tout.
ALPHONSE : Les papis, c'est fait pour ça !
SURFY : Ouaf, ouaf, ouaf !
ALPHONSE : Ah, Surfy est d'accord !

Mais Surfy continue d'aboyer en direction de la mer.

SURFY : Ouaf, ouaf, ouaf !
MARGAUX : Mais qu'est-ce qu'il y a Surfy ? Pourquoi tu aboies ?
ALPHONSE : Margaux, regarde, il y a une planche de surf sur le bord !
MARGAUX : Oh, mais c'est la planche de Léon ! Et regarde là-bas, c'est Léon ? Il est en difficulté ! J'y vais !

Margaux attrape la planche et plonge dans l'eau. Surfy est déjà dans l'eau et nage vers le surfeur en difficulté. Juste à ce moment-là, Léon arrive près d'Alphonse.

ALPHONSE : Léon ? Mais qu'est-ce que tu fais là ?
LÉON : J'ai vu le surfeur qui est tombé dans l'eau.

Margaux arrive près du surfeur et reconnaît…. Maxime !

---

10 aboyer bellen | 17 attraper qc etw fassen | 17 plonger tauchen

MARGAUX : Qu'est-ce que tu fais là ? Tu es fou ? Et ton bras ?

Maxime ne répond pas, il est trop fatigué. Il attrape la planche et nage avec Margaux. Surfy attrape le leash et essaye de tirer les enfants vers la plage. Mais les courants sont trop forts pour lui.

Chapitre 11

Tout à coup, un bateau rouge et noir arrive près de Margaux, Maxime et Surfy. Après quelques acrobaties, car les vagues sont de plus en plus hautes, les sauveteurs réussissent à faire monter les enfants et le chien dans le bateau. Margaux, Maxime et Surfy sont épuisés mais en vie !

Sur la plage, les adultes, qui ont vu les enfants dans l'eau et sont descendus de la dune, sont à la fois heureux et en colère.

PIERRE : J'ai eu peur pour toi, Maxime.
MAXIME : Chuis désolé. Mais tu sais, j'y arrive, papa, je peux surfer !
PIERRE : Max ! Tu es fou !
VIRGINIE : On a eu peur pour vous ! Margaux, tu ne disparais plus comme ça ! Compris ?
MARGAUX : Excuse-moi…
ALPHONSE : Errare humanum est. Dans la vie, on apprend de ses erreurs.
VIRGINIE : Rentrons, l'orage approche.

---

4 un sauveteur, une sauveteuse Retter(in) | 6 épuisé(e) erschöpft | 6 (être) en vie *f* am Leben (sein) | 8 à la fois *ici :* sowohl als auch | 12 disparaître verschwinden | 17 approcher näher kommen

Chapitre 12

Samedi 30 juillet, l'après-midi, plage de Grand-Village

Aujourd'hui, le temps est magnifique. Grand-père Alphonse et son chien regardent les surfeurs. Dans l'eau, Margaux, Léon et
5 Maxime s'amusent comme des fous avec leurs planches. Maxime a beaucoup de talent. Après quelques heures de cours avec Margaux, il réussit à surfer les grosses vagues. Ils sortent enfin de l'eau.

ALPHONSE : Alors, les dauphins, heureux ?
MARGAUX : On s'éclate, papi !
10 LÉON : C'est mon dernier jour de vacances, j'en profite !
ALPHONSE : J'imagine que vous allez fêter ça ?
MAXIME : Oui, on fait une fête pour Léon ce soir, à la cabane dans les dunes.
MARGAUX : Coucher du soleil, pique-nique et musique !
15 ALPHONSE : Formidable ! Alors, amusez-vous bien les dauphins !

Le soir, au coucher du soleil, sur la dune

Les trois amis sont assis autour du feu. Au menu de leur pique-nique : sandwichs, tomates et huîtres.

MAXIME : Margaux, tu es sérieuse ? On va manger des huîtres ?
20 MARGAUX : Les garçons ! On ne passe pas un été sur l'île d'Oléron sans goûter des huîtres. Allez, courage !

Margaux ouvre deux huîtres bien fraîches, ajoute un peu de citron et les donne à ses amis.

---

7 **réussir à faire qc** es gelingt einem/einer etw zu tun | 9 **s'éclater** *fam* einen riesen Spaß haben | 10 **J'en profite** Ich genieße (es) | 17 **un feu** Feuer | 22 **ajouter** hinzufügen

LÉON : Elles sont vivantes ! Elles bougent !
MARGAUX : Allez hop, ne discutez pas !

Les garçons ouvrent la bouche en même temps et goûtent les
huîtres.

LÉON : En fait, c'est super bon ! Tu ne trouves pas Max ?

Maxime a encore la bouche fermée mais soudain, il se tourne et
recrache le mollusque. Margaux et Léon éclatent de rire.

MARGAUX : Maxime, tu as de la chance, tu as encore trois semaines
    pour apprendre à aimer les huîtres.
LÉON : Moi, je suis triste de partir. J'ai passé des vacances géniales
    avec vous et j'adore le surf. Mais…
MAXIME : Mais quoi ?
LÉON : J'ai une copine en Allemagne et elle me manque !
MAXIME : Une copine ? Mais c'est génial !
MARGAUX : C'est trop cool ! Raconte !
LÉON : Elle s'appelle Nina, elle a treize ans et demi et elle adore le
    sport. Surtout le surf ! Elle va peut-être venir ici avec moi l'été
    prochain.
MARGAUX : Oh oui ! Je veux la connaître !
LÉON : En fait Margaux, tu vas peut-être la connaître avant l'été
    prochain.
MARGAUX : Ah bon ? Pourquoi ?
LÉON : Bon, je te propose quelque chose.
MARGAUX : Quoi ?

---

1 vivant(e) am Leben | 1 bouger sich bewegen | 3 goûter kosten, probieren | 7 recracher
ausspucken | 7 un mollusque Weichtier

LÉON : Eh ben, tu pourrais passer les vacances d'automne à Cologne ? Tu pourrais habiter chez Nina ! Nina et moi, on serait tes corres allemands, voilà !

MARGAUX : Ouah ! Ça c'est une surprise ! Je trouve ça méga cool.

MAXIME : C'est fou cette histoire ! Et moi, je peux aussi venir chez toi, Léon ?

LÉON : Natürlich Max! Tope là !

La soirée continue dans la bonne humeur et en musique. Puis, allongés sur le sable, les trois copains regardent la lune et les étoiles. Tout à coup…

MARGAUX : Regardez ! Une étoile filante ! Faites un vœu !

En silence, chacun fait un vœu puis continue d'admirer la nuit étoilée.

---

9 la lune Mond | 9 une étoile Stern | 11 faire un vœu sich etwas wünschen

Activités

Avant la lecture/l'écoute

1. Regarde la couverture et coche la bonne réponse.

a) Où se passe *(spielt sich)* l'histoire ?
☐ À la montagne.
☐ Au bord de la mer.
☐ En ville.

b) Quel sport pratique la personne sur l'image ?
☐ Elle fait de la planche à voile.
☐ Elle fait du surf.
☐ Elle fait du kitesurf.

2. Lis le titre et fais les activités suivantes.

a) Quand est-ce que le drapeau est rouge sur la plage ?
☐ Quand il n'est pas dangereux *(gefährlich)* de se baigner.
☐ Quand il est interdit *(es ist verboten)* de se baigner.
☐ Quand il est possible de se baigner.

b) Avec un dictionnaire, fais un filet de mots sur le thème de la mer.

la mer

Chapitre 1

Écoute le chapitre 1 et coche les bonnes réponses.

Beim Zuhören achte auf den Tonfall der Sprecher. Stellen sie Fragen, machen sie Aussagen, sind sie etwa genervt?

a) D'abord, l'histoire se passe
☐ sur la plage. ☐ dans une ville. ☐ sur une île.

b) Les personnages sont
☐ Alphonse, ☐ Médor, ☐ Surfy, ☐ Annie, ☐ Margaux.

c) La fille aime beaucoup
☐ le skate. ☐ le volley-ball. ☐ le surf.
☐ la planche à voile.

d) Mais elle n'aime pas beaucoup
☐ l'anglais. ☐ les maths. ☐ l'allemand.

e) Ensuite, l'histoire se passe
☐ à Paris. ☐ devant un collège. ☐ devant un hôpital.

f) Maxime
☐ a la jambe cassée. ☐ a mal à la tête. ☐ a le bras cassé.

g) Pierre est en colère parce que
☐ son camion est en panne.
☐ Maxime a participé au championnat de skate.
☐ Maxime veut aller chez sa mère.

En plus

Sur Internet, cherche des informations sur l'île d'Oléron.

a) Entoure les informations correctes dans le texte suivant.

L'île d'Oléron est située dans l'ouest / l'est / le nord/ le sud de la France, dans la mer Méditerrannée / dans l'océan Atlantique / dans la Manche. C'est la plus grande / la plus petite île du littoral français. Le pont *(Brücke)* qui relie l'île au continent est long de 862 / 2862 / 3862 mètres.

b) Imagine : Tu vas en vacances sur l'île d'Oléron. Quelles activités tu aimerais faire ?

Chapitre 2

1. Écoute le chapitre 2. Vrai ou faux ? Corrige quand c'est faux.

a) Maxime installe les tables et les chaises.
  ☐ vrai   ☐ faux

b) Virginie et Mathieu sont les directeurs du camion-snack.
  ☐ vrai   ☐ faux

c) Margaux est la fille de Virginie et Mathieu.
  ☐ vrai   ☐ faux

2. Lis le chapitre 2. Vérifie tes réponses à l'activité 1.

3. Coche la bonne réponse.

a) Margaux et Maxime ont
☐ 13 ans.
☐ 13 ans et demi.
☐ 14 ans.

b) Maxime regarde la plage et voit
☐ un garçon qui surfe bien.
☐ une fille qui surfe bien.
☐ une fille qui surfe mal.

Chapitre 3

1. Écoute le chapitre 3. Coche la bonne réponse.

a) Quel temps il fait aujourd'hui ?
☐ Il pleut.   ☐ Il y a du soleil.   ☐ Il neige.

b) Margaux a une dispute avec
☐ sa mère.   ☐ son père.   ☐ son grand-père.

c) Margaux
☐ ne veut pas surfer.
☐ doit faire des exercices d'allemand.
☐ ne veut pas mettre sa combinaison.

d) Maxime a cassé son bras

☐ dans la cour du collège.

☐ au championnat de foot.

☐ au championnat de skate.

2. Lis le chapitre 3 et vérifie tes réponses à l'activité 1.

En plus

Est-ce que tu connais Black M et Louane ? Cherche sur Internet et cite le titre d'une chanson connue de ces deux chanteurs.

Chapitre 4

1. Écoute le chapitre 4 et coche les bonnes réponses.

a) Léon a

☐ 12 ans.   ☐ 13 ans.   ☐ 14 ans.

b) Léon et ses parents voient

☐ un fort.   ☐ deux forts.   ☐ trois forts.

c) Pendant les vacances, Léon veux apprendre

☐ le smurf.   ☐ le surf.   ☐ le kitesurf.

2. Lis le chapitre 4 et vérifie tes réponses à l'activité 1.

En plus

Sur Internet, cherche des informations sur le Fort Boyard. Coche la bonne réponse et complète.

a) Le Fort Boyard est situé entre
- [ ] l'île de Ré et l'île d'Aix.
- [ ] l'île d'Oléron et l'île d'Aix.

b) Le fort Boyard fait .... mètres de long

Il fait .... mètres de large.

c) Depuis les années 1980, il y a dans le Fort Boyard
- [ ] un musée.
- [ ] un jeu télévisé.

Chapitre 5

1. Écoute et lis le chapitre 5.

2. Lis ce résumé du chapitre 5 et corrige-le dans ton cahier.

Léon est en colère contre son père car il doit faire des exercices d'anglais dans un cahier de vacances. Margaux voit le cahier et propose d'aider Léon parce qu'elle parle très bien anglais. Après, Margaux a une idée et propose à la mère de Léon de parler anglais avec Léon pendant les vacances. Virginie est d'accord mais Léon doit quand même *(trotzdem)* faire des exercices dans le cahier une fois par semaine. Après, Maxime rencontre Léon et lui propose d'aller écouter Black M dans les dunes.

Chapitre 6

1. **Lis** **le chapitre 6 et coche les bonnes réponses.**

☐ Les trois amis font toujours du surf ensemble.
☐ Margaux surfe quelquefois avec Léon.
☐ Maxime aide son père au camion-snack.
☐ Les jeunes vont souvent au cinéma.

2. **Margaux, Maxime et Léon écrivent des messages en langage SMS. Relie les expressions en langage SMS à leur version standard.**

RDV •	• J'en peux plus.
a2m1 •	• quoi de neuf
JPP •	• rendez-vous
MDR •	• désolé
koi2neuf •	• à demain
Dzolé •	• mort de rire

En plus

Écris un email de vacances. Choisis une des deux tâches.

a) Margaux écrit à sa cousine un email dans lequel elle raconte ses vacances avec Maxime et Léon.

b) Maxime écrit à sa mère un email dans lequel il raconte ses vacances avec Margaux et Léon.

Chapitre 7

1. Écoute le chapitre 7 et coche la bonne réponse.

a) Le ciel est bleu ce matin.
☐ vrai   ☐ faux

b) Les courants sont très forts vers dix heures.
☐ vrai   ☐ faux

c) Le temps va changer vers midi.
☐ vrai   ☐ faux

2. Lis maintenant le chapitre 7. Quels problèmes ont les trois jeunes avec leurs parents ? Coche la bonne réponse.

a) La maman de Margaux n'est pas contente parce que
☐ Margaux ne parle pas anglais avec les touristes.
☐ Margaux parle allemand avec Maxime.
☐ Margaux ne parle pas allemand avec Léon.

b) Pierre et Maxime se disputent parce que
- ☐ Maxime ne veut plus travailler au snack.
- ☐ Maxime veut faire du surf tout de suite.
- ☐ Maxime veut faire du skate tout de suite.

c) Léon a un problème :
- ☐ Sa combinaison de surf n'est plus là.
- ☐ Sa planche de surf est cassée.
- ☐ Il ne trouve pas sa planche de surf.

3. À ton avis, que vont faire les trois jeunes maintenant ? Échange ton avis avec un(e) partenaire.

Chapitre 8

1. Écoute le chapitre 8. Complète le texte.

a) À 11 heures, Virginie se demande où est Margaux. Pierre

.... où est Maxime.

b) À 13 heures, les .... sont de plus en plus

forts. Virginie et Mathieu .... les cours

de surf. Les surveillants de plage installent le drapeau rouge.

c) À 14 heures, avec le .... qui arrive, il faut

trouver les enfants au plus vite.

2. Lis le chapitre 8 et vérifie tes réponses à l'activité 1.

Chapitre 9

1. Lis le chapitre 9 et complète les phrases suivantes dans ton cahier.

a) Le dra
b) Il est inter
c) Une per
d) D'abord, elle est allon
e) Ensuite, elle est de
f) Mais, elle ne peut
g) Les enfants ne sont

• bout sur la planche.
• peau est rouge.
• pas nager vers la plage.
• pas dans la cabane.
• gée sur la planche.
• sonne fait du surf.
• dit de se baigner.

2. À ton avis, qui est-ce qui est dans l'eau ?
Fais des hypothèses.

Chapitre 10

1. Écoute le chapitre 10. Vrai ou faux ?
Coche la bonne réponse et corrige si c'est faux.

a) Alphonse et Margaux sont à côté de l'épave.
☐ vrai   ☐ faux

b) Surfy aboie parce qu'il est content.
☐ vrai   ☐ faux

c) Margaux pense que Léon est dans l'eau.
☐ vrai ☐ faux

d) Margaux est surprise parce que le surfeur n'est pas Léon.
☐ vrai ☐ faux

e) Surfy reste sur la plage.
☐ vrai ☐ faux

2. Comment sont Margaux et Surfy dans ce chapitre ?

a) Aide-toi d'un dictionnaire et coche les bons adjectifs.
☐ paresseux ☐ peureux ☐ heureux ☐ courageux

b) Complète les phrases avec l'adjectif. *(Denke an die Angleichung des Adjektivs im Femininum!)*

Margaux est ....

Surfy est ....

Chapitre 11

1. Lis le chapitre 11.

2. Lis ce résumé du chapitre 11 et corrige-le dans ton cahier.

Un bateau rouge et bleu arrive près de Léon, Maxime et Alphonse. Les sauveteurs font monter les enfants et le chien dans le bateau sans problème. Sur la plage, les adultes sont très en colère et les enfants ne s'excusent pas.

3. **Dans le chapitre 11, trouve les synonymes des mots et expressions suivants.**

a) un(e) surveillant(e) de plage : _____

b) être épuisé(e) : _____

c) être content(e) : _____

d) être énervé(e) : _____

e) faire une faute : _____

En plus

Léon raconte à sa mère ce qu'il a fait quand il n'a pas trouvé sa planche de surf. Imagine ce dialogue et joue-le avec un(e) partenaire.

Chapitre 12

1. **Écoute le chapitre 12. Vrai ou faux ?**
   Coche la bonne réponse et corrige quand c'est faux.

a) Aujourd'hui, il fait très beau.
   ☐ vrai   ☐ faux

b) Maxime surfe très bien.
   ☐ vrai   ☐ faux

c) C'est le dernier jour de vacances de Maxime.
☐ vrai   ☐ faux

d) Les jeunes font une fête à l'école de surf.
☐ vrai   ☐ faux

e) Maxime et Léon adorent les huîtres.
☐ vrai   ☐ faux

f) Léon a une copine en France.
☐ vrai   ☐ faux

g) Sa copine s'appelle Nina et elle a treize ans et demi.
☐ vrai   ☐ faux

h) Margaux va peut-être rencontrer Nina en automne.
☐ vrai   ☐ faux

i) Maxime ne veut pas aller chez Léon.
☐ vrai   ☐ faux

j) À la fin de la soirée, les jeunes regardent une vidéo.
☐ vrai   ☐ faux

2. Lis maintenant le chapitre 12 et vérifie tes réponses à l'activité 1.

Après la lecture

1. **Est-ce que tu as aimé lire et écouter cette histoire ? Explique pourquoi.**

2. **Quel(s) personnage(s) as-tu préféré(s) ? Explique pourquoi.**

3. **Margaux écrit un courriel à sa cousine pour lui raconter la fin de ses vacances à l'île d'Oléron.**
Mets-toi à la place de Margaux et écris ce courriel.

4. **Au choix :**

a) Choisis un chapitre et dessine-le sous forme de BD.
b) À trois ou quatre, choisissez un chapitre avec des dialogues et jouez-le.
c) Fais un exposé sur l'île d'Oléron.

Liste des abréviations

etw	etwas
f	féminin
fpl	féminin pluriel
fam	familier
jdm	jemandem
jdn	jemanden
m	masculin
qc	quelque chose
qn	quelqu'un